BUDGET DE 1875

PÉTITION

A

MESSIEURS LES MEMBRES DE L'ASSEMBLÉE NATIONALE

3 avril 1874.

Messieurs,

Le 5 novembre 1873, M. Magne déposait un projet de loi réclamant 149 millions d'impôts nouveaux pour équilibrer le budget de 1874. Il y avait urgence. Il fallait que ces impôts fussent votés le 1er janvier au plus tard pour que le Trésor ne subît pas de pertes dans leur recouvrement.

Au 1er janvier, vous n'étiez parvenus à vous mettre d'accord que sur les impôts suivants :

Un demi-décime des contributions indirectes, de l'enregistrement et de certains droits de douane	32,887,000
Un demi-décime sur les sucres	6,603,000
Droit sur les savons.	7,000,000
Droit d'entrée sur les boissons	10,238,000
Droit sur les huiles.	6,250,000
Augmentation du droit sur les huiles minérales	1,500,000
Droit sur la stéarine	9,000.000
Droit d'expédition des contributions indirectes	1,873,000
Conversion des distributions en bureaux de poste	1,100,000
Total.	76,451,000

Il est vrai que dans le rapport de la commission présenté par M. Benoist d'Azy, le 3 janvier, le chiffre de ces impôts s'élève à 78,000,000.

La commission ayant estimé à 35,000,000 le demi-décime des contributions indirectes, de l'enregistrement et de certains droits de douane, le chiffre exact serait de 78,564,000 francs.

Vous vous êtes remis à l'œuvre, et, à la suite d'une discussion qui n'a pas duré moins de deux mois, vous avez voté les impôts suivants :

Droit sur le timbre des effets de commerce	13,000,000
Augmentation des droits d'enregistrement des actes extrajudiciaires	5,000,000
Droit sur les chèques.	1,000,000
Total.	19,000,000

Les impôts votés en janvier et en février, ajoutés aux impôts votés à la fin de 1873, s'élèvent donc aux chiffres de . . . . $\begin{cases} 19,000,000 \\ 76,451,000 \end{cases}$

Total. . . . 95,451,000

En mars, vous avez adopté :

L'impôt sur les alcools dénaturés. 1,000,000

La réduction de la tolérance accordée aux bouilleurs de cru. 2,000,000

L'impôt de 5 p. 100 sur les transports par la petite vitesse, évalué par le gouvernement, avant l'adoption de l'amendement de M. Caillaux, à. 25,500,000

Il faut y joindre l'impôt sur les viandes salées. 1,200,000

Les évaluations des impôts que vous avez votés sur les 149,308,000 francs demandés s'élèvent donc au chiffre total de : 125,151,000

La commission et le gouvernement, ayant réduit le chiffre de 149,308,000 à 143,876,000, il resterait encore à voter, pour équilibrer le budget de 1874 : — 18,725,000, ou 16,612,000, si on évalue, comme la commission, les droits d'enregistrement à 35,000,000.

Le gouvernement espérait couvrir ce déficit avec l'augmentation de l'impôt du sel : cet impôt ayant été repoussé, le gouvernement n'a cependant fait aucune proposition pour combler le déficit. De plus, le retard apporté par la prolongation de la discussion à la perception de ces impôts, occasionne pour cette année une perte évaluée, le 15 mars, par le ministère, à plus de 14 millions.

Voilà les faits, Messieurs, que nous croyons utile de vous rappeler : car ils prouvent que, malgré tous vos efforts, tous les efforts du gouvernement, vous n'êtes pas parvenus à équilibrer le budget. Les crédits demandés étaient inférieurs, il est vrai, de 15,745,000 fr. à l'évaluation des recettes ; mais, en admettant même que toutes ces évaluations ne dussent amener aucune déception, le rejet de l'impôt sur le sel et la perte occasionnée par le retard du vote des impôts, établissent une différence de plus de 30 millions entre les ressources demandées et les ressources obtenues. Il y a donc déficit, et ce déficit a un tel caractère de gravité que, le 20 mars, M. Deseilligny, ministre de l'agriculture, avouait, en demandant un délai de réflexion, l'embarras dans lequel se trouvait le gouvernement pour arriver à équilibrer le budget.

Cet embarras était prévu depuis longtemps, du reste, ou plutôt il a toujours existé : le gouvernement et la commission n'ont pas cessé de déclarer, avec une franchise poussée jusqu'à l'humilité, que les impôts auxquels ils ont eu recours sont désastreux.

M. Magne en convenait lui-même dans son rapport du 5 novembre. Depuis, au cours de la discussion, il a répété à diverses reprises : « On a écrémé la matière imposable. — Le champ de la recherche devient très-limité. — On a commencé par les impôts les plus faciles. Les difficultés deviennent des plus graves. — On a constaté la difficulté de la création de nouveaux impôts et la grande incertitude de leur perception. — Je suis convaincu que la commission reconnaît, elle aussi, dans sa sagesse très-éclairée et dans ce bon vouloir dont elle donne tant de preuves, que les impôts qu'elle propose sont, à ses yeux, des pis-aller, et qu'ils ont eux-mêmes des inconvénients. » (30 janvier.)

Puis, M. Magne, rappelant l'échec de l'impôt sur les matières premières, sur le chiffre des affaires, sur le timbre proportionnel des factures, l'impossibilité de l'impôt sur les matières fabriquées, déclarait qu'il fallait ménager l'agriculture, le commerce et l'industrie, et il concluait, par une singulière contradiction, en disant : « Eh bien, je l'avoue franchement, j'ai cru trouver la solution de ce problème passablement difficile dans l'impôt sur le timbre des effets de commerce et l'impôt sur la petite vitesse, non pas pour obtenir la totalité de la somme que nous cherchions, mais pour procurer la part qu'il nous paraissait juste de faire supporter par le commerce et l'industrie, car, je le répète, ces deux impôts ne donnent que 38 millions et il en fallait 149. Nous avons demandé cette somme surtout aux objets de consommation, nous avons remis l'agriculture à contribution, nous avons augmenté d'un demi-décime les objets qui payaient déjà un décime, de manière à étendre l'impôt sur la plus grande surface possible de matières imposées. » (30 janvier.)

Ces citations dévoilent tout l'embarras du gouvernement. Que serait-ce donc si nous suivions point par point les discours de M. Magne et si nous opposions les arguments qu'il invoque pour combattre certains impôts à ceux qu'il invoque pour patroner les siens?

Tous les orateurs, du reste, qui ont combattu les impôts présentés par M. Magne ou par la commission, et qui ont présenté des impôts analogues, sont tombés dans la même contradiction. Leurs objections se retournent contre eux.

Mais des déclarations, telles que celles qui ont retenti pendant trois mois à la tribune, n'en sont pas moins graves. M. Léon Say dit : « Je ne saurais admettre le raisonnement que faisait le ministre des finances, qu'il fallait continuer à voter des impôts mauvais parce que nous avons commencé à en voter qui n'étaient pas bons. » (30 janvier.) « Nous n'avons de choix qu'entre des impôts mauvais. » (3 mars.) M. Mathieu Bodet déclare : « Je ne dirai pas que parmi les impôts nouveaux, il y en avait de bons et de mauvais : ils étaient tous mauvais. Nous avons adopté ceux qui présentaient le moins d'inconvénients. Maintenant il faut de nouvelles ressources. Nous nous trouvons en face des impôts que nous avons précédemment écartés. » (9 février.) M. Paul Cottin ajoute : « Il est reconnu par tout le monde que nous sommes acculés, en ce moment, au vote des plus mauvais impôts. » (12 février.) « Tous les impôts ont été pressés jusqu'à l'écorce », dit M. de Belcastel. « Tous les nouveaux impôts aggravent la situation », dit M. Limayrac. (2 février.) « Pour les budgets de 1871, 1872 et 1873, dit M. Germain, l'Assemblée a été obligée de créer 700 millions de nouveaux impôts. Elle a pris d'abord les moins mauvais. Aujourd'hui elle est arrivée à l'obligation de prendre ceux qu'elle avait tout d'abord repoussés, qui méritent le moins de faveur. » (3 mars.) M. Aclocque présente un impôt avec cette modestie : « Mon impôt n'est pas très-bon ; mais il est moins mauvais... » (9 février.) « Les impôts proposés, dit M. Dréo, tendent à décourager le travail. » Et il ajoutait avec raison : « Le rapport de la commission réfute le discours de M. Magne, et le discours de M. Magne réfute le rapport de la commission. Ils prouvent l'un et l'autre qu'il n'y a pas de bons impôts dans la voie où on s'est engagé. » (31 janvier.)

Tandis que M. Magne, la commission et tous les orateurs qui ont pris part à la discussion constataient, en termes si formels et si expressifs, les défectuosités des divers impôts proposés, tous, en même temps, parlaient de la nécessité d'équilibrer le budget d'une façon stable. M. Magne disait qu'il fallait *jeter la fondation d'un édifice financier solide* ». (30 janvier.) Il combattait l'expédient de trésorerie proposé par M. Léon Say, en invoquant avec raison « la nécessité d'équilibrer les recettes et les dépenses, de doter le pays d'un budget établi dans de bonnes conditions, d'avoir des ressources permanentes et d'écarter les moyens artificiels. »

Certes, tel est le vœu général du pays. Il est fatigué, usé, épuisé par l'incertitude permanente dans laquelle le maintiennent tous ces projets qui, ne reposant sur aucune règle fixe, sont une menace perpétuelle pour tous.

Mais M. Magne, mais la commission, ont-ils donc répondu à ce vœu?

Vous-mêmes, Messieurs, en adoptant les divers impôts qui, péniblement, arrivent au chiffre de 125 millions, quand il en fallait au moins 143, avez-vous donc mis fin à ces inquiétudes? Avez-vous jeté les bases de cet « *édifice financier solide* »?

Non! à coup sûr, Messieurs, vous ne vous abusez pas sur la valeur des ressources que vous avez si péniblement entassées : vous avez suivi trop attentivement la discussion pour ne pas savoir que chacune d'elles présente des inconvénients qui en condamnent le maintien.

Déjà, un des signataires de cette pétition, dans une lettre en date du 6 janvier 1874, adressée à l'un de vous, rappelait en ces termes les objections opposées aux premiers impôts votés :

« Qu'a-t-on répondu à M. Sébert, lorsqu'il s'est élevé contre l'augmentation des droits d'enregistrement; lorsqu'il a représenté la mobilisation du sol arrêtée; lorsqu'il a montré les frais, pour de petites ventes, s'élevant à 15, 19, 24 p. 100, souvent plus?

« Qu'a-t-on répondu aux critiques de M. Clapier et de M. Rouvier, contre l'impôt sur les savons, substitué à l'impôt sur les sels de soude, repoussé par la commission? N'est-ce donc rien que d'augmenter d'un sou par livre, valant treize à quatorze sous, un objet d'une telle nécessité?

« Qu'a-t-on répondu aux observations de M. Rouher sur les difficultés douanières que créera l'impôt sur les bougies et sur la stéarine?

« Qu'a-t-on répondu à MM. Léon Say, Raudot, de Grasset, Pagès-Duport, montrant l'impôt des boissons arrivant du chiffre de 100 millions, qu'il ne dépassait pas en 1851, à un chiffre supérieur à 360 millions avec les droits nouveaux, et frappant sous sept formes différentes le producteur et le consommateur?

« Non-seulement on n'a rien répondu à toutes ces critiques, mais chacun des orateurs a montré combien était grande l'erreur de M. Magne, lorsqu'il prétendait, dans l'exposé des motifs de son projet de loi, que ces impôts devaient « avoir peu d'influence sur la consommation. »

« M. Dréo a prouvé que l'augmentation des droits sur les boissons avait abouti, pour les six premiers mois de l'année, à une perte de 12 millions; pour les neuf premiers mois, à une perte de 15,593,000 francs.

« M. Raudot a prouvé « qu'à mesure que les droits ont augmenté à Paris, la prospérité des départements viticoles du centre de la France a diminué. »

« M. Bancarne-Leroux, à son tour, a prouvé que l'augmentation des droits sur les sucres en avait fait baisser la consommation de 283 millions à 240 millions, et avait fait subir à l'agriculture une perte qu'on peut évaluer à 150 francs par hectare. Il aurait pu mettre en parallèle l'exemple de l'Angleterre, où, chaque fois que les droits qui les grevaient ont été abaissés, en 1864, en 1870, en 1873, la consommation en a augmenté. A la suite du dernier dégrèvement, qui ne date que du mois de mai 1873, il n'y a nulle exagération à admettre, pour l'année, un excédant de 100 millions de kilogr., soit une consommation totale de 800 millions. Dès maintenant elle est de 24 kilogr. 615 gr. par tête, tandis que chez nous, elle ne dépasse pas 7 kilogr. 220 gr.

« Les cafés sont frappés de 74 millions de droits. Ils vont encore être atteints par une surtaxe de 2,982,000 francs, et cependant on a déjà constaté une diminution sensible dans leur consommation.

« C'est en vain que M. Magne a répondu : « L'impôt n'est pour rien dans la diminution de la consommation. » Pourquoi n'eût-il pas dit, en poussant son argument jusqu'au bout : non-seulement l'impôt ne diminue pas la consommation, mais encore il l'augmente! C'est là le procédé des avocats qui, désespérant de la cause de leurs clients, déclarent que; non-seulement ils ne sont pas coupables, mais encore qu'on leur doit le prix Montyon. »

Les impôts qui restaient à voter présentent encore plus d'inconvénients, s'il est possible.

Impôt sur les chèques : qu'a-t-on répondu à M. Paul Cottin, montrant que les chèques s'appliquant à une circulation de 2 milliards environ, la taxe de 10 centimes dont ils sont frappés serait suffisante pour nuire aux transactions, et produirait simplement une somme de 200,000 francs, insuffisante, à coup sûr, pour équilibrer un budget de plus de 2 milliards et demi?

Augmentation du timbre des effets de commerce : qu'a-t-on répondu à M. Aubry, montrant que cet impôt est un surcroît de l'impôt des patentes; qu'il sera supporté surtout par le petit commerce; qu'il profitera simplement aux effets de commerce étrangers? C'est à ce moment où nous aurions tant besoin de crédit, que nous venons y mettre cette nouvelle entrave, quand déjà la taxe française est plus élevée que chez tous les autres peuples.

Augmentation des droits d'enregistrement des actes extrajudiciaires. Mais, comme l'ont prouvé MM. Rive et Faye, comme l'observation le prouve : c'est une taxe sur la ruine qui s'accroît en raison même de la misère de ceux qu'elle frappe. L'année dernière, le gouvernement la repoussait comme telle . et M. Mathieu Bodet la montrait comme « aggravant des positions dignes d'intérêt ».

Impôt sur les viandes salées : on dirait la revanche de l'échec de l'augmentation de l'impôt sur le sel! M. Hervé de Saisy l'a fort bien dit : « Les salaisons constituent l'alimentation des classes laborieuses. » De 1872 à 1873, l'importation en a baissé de 29 millions à 19, tandis qu'à Anvers elle montait de 6 à 12 millions. On achève de détruire cette nouvelle ressource du pauvre. Et pourquoi? pour un produit éventuel que les évaluations les plus exagérées portent à 1,200,000 francs!

Impôt de 5 p. 100 sur les transports par petite vitesse. MM. Feray et Pouyer-Quertier vous l'ont pourtant dit : c'est un excellent impôt pour arrêter complétement notre production, nos importations et nos exportations; impôt qui, se répercutant indéfiniment, frappe, par exemple, quinze ou seize fois un kilogramme de drap, puisqu'il faut 15 ou 16 kilogr. de matières différentes pour le fabriquer; impôt qui menace de ruiner toute l'industrie métallurgique du centre de la France dont on réclamait autrefois si haut la protection; impôt dont les 2/5ᵐ seront payés par l'agriculture; impôt qui augmente encore le prix de nos transports, lequel est déjà plus élevé que celui des autres nations.

Il faut que la France se relève, il faut que les affaires reprennent, il faut que les intérêts se rassurent; il faut que notre crédit s'affermisse et se développe; il faut que notre production regagne les 15 milliards que nous a fait perdre la guerre! Voilà l'expression des préoccupations de tous; et pour arriver à ce résultat, qu'avez-vous fait? Malgré tous vos efforts pour choisir les impôts les moins mauvais, vous avez été obligés de vous résigner à l'adoption des impôts les plus défectueux, ceux qui frappent avec le plus de sûreté la production, la circulation et la consommation!

Et pourquoi? Arrive-t-on au moins à équilibrer le budget, à lui donner une base solide? Impossible. On aligne des chiffres sur le papier, mais l'incertitude du rendement des nouveaux impôts est telle que le gouvernement et la commission n'ont jamais été d'accord sur leur évaluation.

Le gouvernement portait, dans le projet primitif, le rendement du demi-décime des contributions indirectes et de l'enregistrement, à 35,474,000 francs. Il l'a ensuite réduit à 32,887,000 francs, et la commission le compte de nouveau à 35 millions. Tandis que le projet primitif évaluait à 1 million seulement le produit de l'augmentation du droit sur les huiles minérales, il est porté au budget pour 1,500,000 francs. Tandis que le projet du gouvernement évaluait à 8 millions le produit du droit sur la stéarine, il est porté au budget pour 9 millions. Tandis que le projet du gouvernement évaluait à 6 millions le produit de l'impôt sur les chèques, la commission réduisait cette estimation à 4 millions, et il n'est définitivement porté au budget que pour 1 million. Enfin, si le gouvernement évaluait à 25 millions l'impôt sur la petite vitesse, il faisait toutefois ses réserves en prévision de l'amendement de M. Caillaux qui a été adopté.

Puis la discussion a porté sur un chiffre de 149 millions d'impôts demandés, réduit ensuite à 143; mais, dans son discours du 8 février, M. Magne n'a pas dissimulé l'insuffisance de ces chiffres et a déclaré qu'en réalité c'était 170 millions qui étaient nécessaires pour équilibrer le budget. Il ne faut pas oublier en outre que si les évaluations du budget de 1874 se montent à 2,542,612,000 francs, celles du budget de 1875 sont déjà fixées à 2 milliards 573 millions.

Maintenant, Messieurs, ne nous est-il pas permis de vous demander par quels procédés, à à l'aide de quels moyens vous allez remédier à cet état de choses?

On vous l'a dit, à diverses reprises : ces discussions agitent et troublent profondément tous les intérêts. Dès le mois de novembre, un important négociant du Nord, M. Scholsmans, montrait que, si malgré un déficit de 20 p. 100 dans la récolte, le prix des blés subissait en Angleterre une hausse presque insensible, il montait en France de 40 p. 100. Il donnait de cette différence les raisons suivantes : « L'incertitude précaire dans laquelle vit notre commerce, les impôts indirects multiples qui le paralysent, enfin et surtout les taxes nouvelles et imprévues qui peuvent à chaque instant déjouer ses calculs. »

Le 3 mars, M. Germain vous signalait la gravité de cette situation : « Il est temps, disait-il, de ne pas fatiguer indéfiniment le pays en déroulant constamment sous ses yeux de nouveaux impôts. » Les propositions d'impôts ont continué à se succéder dans leur incohérence; des impôts définitivement écartés ont été repris et présentés de nouveau sous une autre forme; l'impôt sur les tissus rejeté essaye de se transformer en impôt sur les fils. M. Magne, enfin, après l'avoir repoussé comme inapplicable et détestable, n'en déclare pas moins qu'on sera peut-être dans un bref délai obligé d'y avoir recours. Lui-même établit que l'impôt sur la petite vitesse n'est qu'une reprise de l'impôt sur les matières premières.

Pendant ce temps, le pays attend; les intérêts sont en suspens; la production s'arrête; la circulation reste stagnante : « Nous jetons, dit M. Brame, la crainte et l'épouvante au cœur de toutes les industries et du commerce français. Nous nous exposons à ce que le pays se fatigue ; et ce que nous avons de mieux à faire, c'est de retourner au plus tôt provisoirement chez nous. Alors le gouvernement pourra se recueillir et nous apporter des projets d'ensemble. » (21 mars.)

M. Descilligny avait déjà signalé cette inquiétude en disant : « Nous ne désirons ni présenter ni discuter devant vous de nouvelles propositions d'impôts dues à la fécondité de l'initiative parlementaire. Nous craignons qu'elles n'aient qu'un résultat : c'est d'alarmer inutilement les ressources définitives et durables dont nous avons besoin. » (21 mars).

Et il ajoutait avec raison : « Il ne s'agit pas seulement de mettre en équilibre le budget de 1874, mais aussi de préparer des ressources durables pour le budget de 1875. » (19 mars.)

Vous avez donc compris, Messieurs, le gouvernement a donc compris qu'il est temps de mettre fin à ce chassé-croisé d'impôts ; qu'il est temps de substituer un plan d'ensemble à ces taxes de hasard et d'aventure, dont quelques-unes, qui doivent troubler profondément l'industrie, restreindre la consommation, ne sont évaluées qu'à quelques centaines de mille francs.

Du moins, cette longue discussion aura eu cela d'utile, que la question est nettement posée devant vous, Messieurs, et devant le gouvernement, et qu'elle exige impérieusement une réponse définitive :

Oui ou non, après cette démonstration qui vient d'être faite, chaque jour, pendant trois mois consécutifs, de l'impuissance des anciens procédés fiscaux ; de l'illogisme des divers impôts qui saisissent dans leurs replis multiples tous les actes de la vie des contribuables ; de l'injustice impuissante de ces impôts qui frappent le besoin et arrêtent la production dans sa source ; qui aggravent la misère du pauvre et empêchent le riche de faire un usage reproductif de sa fortune, continuerez-vous à suivre le même système ? Après avoir augmenté les contributions indirectes de 609 millions, depuis trois ans, les aggraverez-vous encore par de nouvelles charges ? Après vous être convaincus vous-mêmes que « la matière imposable », exploitée jusqu'à présent, était pressurée à ce point qu'elle ne pouvait plus rien rendre, vous acharnerez-vous à la torturer pour essayer d'en tirer encore quelques ressources aussi insuffisantes que précaires ?

M. Bocher vous l'a dit : « Pour certains impôts, la charge est déjà trop lourde. Les forces contributives commencent à plier. » (3 mars.)

Les faits le prouvent : en 1873, les impôts indirects ont subi une moins-value de 3,635,000 francs. L'impôt sur les allumettes, voté depuis plus d'un an, n'est pas encore en recouvrement. Quoique établie sur un mauvais principe, la taxe directe sur les valeurs mobilières, évaluée à 24 millions, a produit, au contraire, un rendement de 31,760,000 francs.

Ces chiffres sont significatifs, Messieurs, et suffisent pour vous indiquer la voie dans laquelle vous devez entrer, si vous voulez arriver à équilibrer le budget d'une manière définitive.

Les impôts indirects sont surchargés : vous ne pouvez plus rien en obtenir. Vous devez songer que déjà leur perception dépasse 10 p. 100 de leur rendement, et que pour certains d'entre eux elle monte jusqu'à 25 p. 100. Vous devez enfin vous arrêter devant l'extension de l'exercice, déjà appliqué, d'après M. Bocher (3 mars), rien que pour les boissons, à plus de 800,000 contribuables dont environ 400,000 bouilleurs de cru. On n'exagère pas, vous le voyez, quand on dit que, si vous continuez ce système, dans un temps peu éloigné la moitié de la France exercera l'autre.

Il faut donc choisir une nouvelle assiette de l'impôt, qui, susceptible d'être élargie demain, vous assure des ressources pour l'avenir ; vous permette l'amortissement de notre dette à laquelle on ne paraît pas songer ; vous procure des ressources pour pourvoir aux 1,500 millions, nécessités, d'après M. d'Audiffret Pasquier, par la reconstitution de notre armement ; aux 78 millions exigés par les canaux, et enfin aux comptes de liquidation qu'il ne faut pas oublier.

Permettez-nous de vous rappeler, Messieurs, que M. Magne a déclaré que, s'il repoussait l'impôt sur les tissus, c'était pour obéir à la voix de l'opinion publique. (30 janvier.) Elle doit se faire entendre, en effet, quand il s'agit de questions aussi importantes. C'est à elle de diriger les choix du législateur qui, indécis en face de la responsabilité qui lui incombe, n'ose tenter de réformes sérieuses, s'il ne se sent appuyé et en quelque sorte poussé par le pays.

Nous reprenons donc, Messieurs, une proposition qui vous a déjà été faite par un de nous, membre de la chambre de commerce de Paris, dans une lettre, en date du 18 novembre 1873, adressée à M. Magne.

Elle consistait dans UN IMPÔT DE 1 FRANC POUR 1,000 FRANCS SUR LE CAPITAL.

Cette proposition était développée dans ces termes : « On peut, au bas mot, évaluer la fortune de la France à 200 milliards. Prenons encore un chiffre plus bas, adoptons 160 milliards : à 1 p. 1,000, vous trouverez aussitôt un chiffre supérieur aux ressources que vous demandez.

« Et dans l'application, à quoi se réduit cet impôt? Je le répète, à 1 franc pour 1,000 francs, soit 10 francs pour 10,000 francs, soit 100 francs pour 100,000 francs. Quelle perturbation pourrait apporter une tentative de ce genre dans le placement actuel des capitaux?

« En l'essayant, vous évitez les difficultés et les vexations de perception qui accompagnent toujours les impôts indirects.

« De ce mode de perception ressort immédiatement un avantage évident : c'est que la personne, l'individu est affranchi de l'impôt; c'est la chose seule qui est frappée.

« A l'aide de ce premier essai, fait sur une échelle restreinte, vous obtenez un premier inventaire de la fortune publique de la France, qui vous permettra de développer et d'améliorer ce mode d'impôt; au lieu que vos impôts, tous plus ou moins condamnables, forcés de disparaître tôt ou tard, ne laisseront aucune expérience dont puisse profiter l'avenir. »

Cette proposition a été reprise sous forme d'amendement et défendue à la tribune par M. Pascal Duprat.

M. Benoist d'Azy l'a combattue, dans son rapport, par l'argument suivant : L'impôt sur le capital est une atteinte « à l'élément le plus utile du progrès en tout genre, industrie, commerce, agriculture. » M. Wolowski et M. Dréo ont reproduit cette objection, parce qu'ils ont méconnu la loi fondamentale qui régit la production de la richesse, loi qui peut se formuler ainsi : — *La production de la richesse est en raison géométrique de la rapidité de la circulation.*

Or, tous les impôts sur le revenu, sur les capitaux circulants, présentent ce grave inconvénient : ils sont à la circulation ce que serait une restriction du crédit, et, en la frappant d'un arrêt, ils paralysent toute la portion correspondante de travail et d'activité qui eût produit un nouveau capital.

En un mot, si le fisc frappe la richesse en formation, il frappe la production au moment de son essor, et il l'arrête. S'il ne frappe au contraire le capital qu'une fois formé, une fois réalisé, c'est un crédit qu'il fait à la production, et par conséquent une facilité qu'il lui donne.

Nous espérons, Messieurs, que ces considérations feront disparaître toutes les préventions que vous pouvez avoir contre cet essai de l'impôt sur le capital, et que vous ne repousserez pas une proposition déjà accueillie favorablement par un certain nombre d'entre vous.

Après avoir usé tous les moyens, après avoir épuisé tous les expédients, après vous être résignés aux impôts les plus mauvais, qui peuvent, d'après l'aveu même de M. Deseilligny (14 mars), frapper d'une manière désastreuse l'industrie nationale, vous ne pouvez pas hésiter à tenter l'essai d'un impôt qui, vous en êtes convaincus, ne peut porter aucune atteinte grave à l'agriculture, au commerce et à l'industrie.

Quant à nous, signataires de cette pétition, agriculteurs, industriels, commerçants, nous répudions cet antagonisme qu'on a voulu établir entre ces organes de la richesse nationale. Convaincus de cette profonde vérité que tous les intérêts légitimes sont harmoniques, nous nous groupons autour de l'impôt sur le capital, parce que, supprimant toutes ces vaines distinctions, non-seulement il est une affirmation énergique et positive de la solidarité nationale; mais encore il assure, dans l'assiette de l'impôt, cette justice et cette équité qu'on invoque si haut et qu'on observe si peu.

Il donne enfin une large base à « cet *édifice financier solide* », dont M. Magne lui-même réclame l'établissement et dont, Messieurs, vous sentez trop le besoin pour qu'il soit nécessaire d'insister.

PÉTITION RELATIVE AU BUDGET DE 1875

NOM et PRÉNOMS	PROFESSION	DOMICILE

Prière d'adresser les feuilles signées (affranchies ou non), *chez* M. MENIER, *manufacturier, rue Sainte-Croix de la Bretonnerie,* 37, *Paris.*

PARIS. TYP. E. PLON ET Cⁱᵉ, 8, RUE GARANCIÈRE.

ANNEXE DE LA PÉTITION RELATIVE AU BUDGET DE 1875

demandant une première application de l'Impôt sur le Capital.

Les Soussignés,

Considérant que les 149 millions d'impôts nouveaux réclamés par M. Magne, le 5 novembre 1873, ne sont pas encore complétement votés; que ces impôts surchargent uniquement les taxes indirectes déjà augmentées de 609 millions depuis la guerre;

Ont l'honneur de demander à Messieurs les membres de l'Assemblée nationale d'y substituer :

Un essai de l'Impôt sur le Capital, au taux de 1 fr. pour 1,000 fr., qui, d'après l'estimation de la fortune de la France à 160 milliards, donnerait immédiatement une somme de 160 millions, sans nuire à l'agriculture, à l'industrie et au commerce.

NOM et PRÉNOMS	PROFESSION	DOMICILE

4836

NOM et PRÉNOMS	PROFESSION	DOMICILE

Prière d'adresser les feuilles signées (affranchies ou non) chez M. MENIER, *manufacturier,*
rue Sainte-Croix de la Bretonnerie, 37, à Paris.

ANNEXE DE LA PÉTITION RELATIVE AU BUDGET DE 1875

demandant une première application de l'Impôt sur le Capital.

NOM et PRÉNOMS	PROFESSION	DOMICILE

NOM et PRÉNOMS	PROFESSION	DOMICILE

Prière d'adresser les feuilles signées (affranchies ou non) *chez* M. MENIER, *manufacturier,*
rue Sainte-Croix de la Bretonnerie, 37, *à Paris.*

PARIS. TYP. E. PLON ET Cᵒ, 8, RUE GARANCIÈRE.

ANNEXE DE LA PÉTITION RELATIVE AU BUDGET DE 1875

demandant une première application de l'Impôt sur le Capital.

NOM et PRÉNOMS	PROFESSION	DOMICILE

NOM et PRÉNOMS	PROFESSION	DOMICILE

Prière d'adresser les feuilles signées (affranchies ou non) *chez* M. MENIER, *manufacturier,*
rue Sainte-Croix de la Bretonnerie, 37, *à Paris.*

PARIS. TYP. E. PLON ET Cⁱᵉ, 8, RUE GARANCIÈRE.

NOM et PRÉNOMS	PROFESSION	DOMICILE

NOM et PRÉNOMS	PROFESSION	DOMICILE

Prière d'adresser les feuilles signées (affranchies ou non) *chez* M. MENIER, *manufacturier,*
rue Sainte-Croix de la Bretonnerie, 37, à Paris.

PARIS. TYP. E. PLON ET Cⁱᵉ.